Freddy Joel Nanga

De la parole à l'acte

Freddy Joel Nanga

De la parole à l'acte

Éditions Muse

Cover image: www.ingimage.com

Publisher:
Éditions Muse
is a trademark of
Dodo Books Indian Ocean Ltd., member of the OmniScriptum S.R.L Publishing group
str. A.Russo 15, of. 61, Chisinau-2068, Republic of Moldova Europe
Printed at: see last page
ISBN: 978-620-3-86449-6

De la parole à l’acte

Comédie

Personnages

Kim Saad, major de la nouvelle promotion.

Dan Afifa, vice major de la nouvelle promotion et petite-amie de Kim.

Chang, nouvelle promotionnaire.

Le redoublant, qui double la classe.

Alwin, de la nouvelle promotion.

Clifton, de la nouvelle promotion.

Mr. Kirri, professeur d'informatique.

Mr. Abé, professeur d'histoire.

Les Quidam les autres camarades présent dans la salle.

Kim Saad, major de promotion a eu peur qu'il ne soit plus de la même classe, que son amoureuse et concurrente Dan Afifa vice major. Fort heureusement Il la voit à la rentrée après des longs mois sans se voir, et découvrira à quel point une photo pouvait couvrir l'essentiel. Cette jeunesse précoce, trouvera par la suite dans des missives, un style nouveau pour rester rapproché par les outils des technologies de l'information et de la communication.

La scène se déroule dans une salle de classe de terminale secondaire.

ACTE 1

Professeur d'informatique

(réseau-sociaux).

Scène première

Un bavardage non maitrisée, laissant à tout bout de champ des trauma-sonore. Un très grand monsieur entre dans la salle de classe. Son départ était pronostiqué pour pas très tôt puisqu'il s'agissait de nouvelle technologie. Albert le redoublant.

Il est 08 heures 00 minutes.

Kim Saad – As-tu déjà trouvé ta place ?

Dan Afifa – Je suis à côté de toi.

(Il Choisisse une place machinalement, au premier banc de leur rangé, Dan Afifa est près de la porte Kim se tourne vers elle le plus possible lorsque le professeur n'arrive pas.)

Quidam – Kim Saad Clifton ; Alwin ; Chang et Dan Afifa voilà l'inévitable qui nous accueille, au moins on connait déjà qui sera parmi les futurs cinq premiers de la classe.

Chang – Je suis venu avec une belle poterie et des roses, une salle de classe n'est pas le lieu d'un jour quelque part.

Clifton – *(se rapproche pour mieux regarder le tableau)* Pourquoi dans cette classe ils noircissent les tableaux ?

Alwin – Il y a toujours eu très peu de fille dans ma classe cette année ne fait pas l'exception paraît-il.

Clifton – Je me sens plus assis, dans la matière des chiffres, et des lettres.

Le redoublant – Effectivement vous n'aurez plus rien à faire avec des élèves de classe inférieure à la nôtre. A moins que vos niveaux d'excellence soient rétrocédés.

Alwin – Hey le sage ! D'où nous venons, nous avons été la crème de la crème.

Le redoublant – J'aborde juste un sujet que vous ignorez, attraper ce qui vous sera utile. Cette espace vous réduira, si vous vous faites toujours regarder d'en-haut.

Chang – J'avoue que je vous entendais vous racontez à vous-même d'étranges histoire. Vous semblez avoir de l'avance dans le programme scolaire. Dites, quel est le professeur qui viendra ?

Le redoublant – Celui qui arrive à la prochaine heure est un peu monsieur étrange, ou si vous voulez un devin. C'est lui qui posera toutes les questions de ce cours, même celles qui viennent de vous. Vous verrez un visage amusant, face de smiley ainsi on l'appela. Il a cette tendance à s'oublier quand il fixe un élève du regard, c'est également un grand chercheur dans des grandes écoles.

Chang – Je sens que quelqu'un arrive.

Il est 08 heures 15 minutes.

Le redoublant – Debout !

Mr. Kirri – *(Lance un salut presque militaire avec une très belle montre sur la main gauche.)* Salut ! Je m'appelle…garçon *(à Kim Saad)* ferme la porte. Je suis monsieur Kirri votre professeur d'informatique et sociétés.

(Ils attendent toujours l'autorisation de s'asseoir.)

Mr. Kirri – Ami des campagnes, je ne nierai pas que c'est de la mascarade, mais vous êtes obligés de participer à cette leçon tous simplement parce que c'est le cours du futur. Asseyez-vous ! Cette charge qui dois peser sure vous est non pas le professeur mais votre cartable. J'ai moi-même une mallette qui contiendra toutes la papeterie nécessaire, des tutoriels et l'espoir de votre réussite.

(Il marche à la balade dans les couloirs de la grande salle de classe.)

Dan Afifa – Dans la manipulation des données que nous sommes pour ce monde, est-ce que ce cours ne ressemblera pas un peu à une leçon d'espionnage ?

Chang – *(à son voisin Clifton trop calme)* Kim Saad se verra obligé de réagir tu verras.

Kim Saad – *(Levant le doigt)* Moi monsieur !

Chang – *(En sourdine et très appliqué dans ce qu'elle faisait, souligne d'un trait des mots sur son cahier, comme pour vouloir dessiner un tableau.)* Et c'est reparti !

Mr. Kirri – Oui vous ! Levez-vous dévoiler votre nom et contribuez !

Kim Saad – On y cherche de l'amour, par ailleurs le net est un service à deux prix, il faut suivre les liens, se procurer une carte bancaire, faire des achats en ligne, et d'un autre côté il est quelques autres qui s'y laissent le pressentiment qu'ils commencent une nouvelle vie qu'ils se doivent d'assumer.

Mr. Kirri – Vous connaitrez des réponses aux questions que vous vous poserez par vous-mêmes. Fred Fred le blogueur écrivait comme un programme, pour trouver l'amour et distingué le genre féminin du genre masculin, il fera le point de référence pour votre projet dans l'analyse des médias sociaux des impacts aux principes.

Dan Afifa – Moi monsieur !

Mr. Kirri – Oui ! Mademoiselle Dan Afifa !

Dan Afifa – Le monde est ravis de ses résidants, toute la planète y migre vers cette espace. Monsieur, dans le sérieux sujet de l'école, la question est de comprendre comment est-ce que la génération à venir s'en rendra-t-il compte?

Un quidam – (*Juste à la barbe du professeur)* Monsieur !

Mr. Kirri – Oui !

Un quidam – Il y a quelqu'un qui demande après vous au fond de la classe.

Mr. Kirri – Oui monsieur Kim Saad.

Kim Saad – Le réseau, ou cette espace comme ma camarade le prétend est un milieu nouveau, qui à son pouvoir et son gouvernement. On savait bien que ce blogueur inventait un avenir qui tardait à voir le jour. Ces histoires ont beaucoup ému, lorsqu'il fut à peu de perdre sa fiancée à cause d'un simple personnage de roman sorti de nulle part. C'est dans l'ensemble une fable d'histoires qui valent l'enseignement aussi. Mais je ne vois pas en quoi il faudrait croire que le monde y perd ses concitoyens.

Dan Afifa – Moi monsieur !

Mr. Kirri – Oui mademoiselle !

Dan Afifa – Les exemples sont faciles, ces obscurs faciès, des images censurables et un tableau de romance dans des scènes érotiques.

Mr. Kirri – Faisons bien jeunes gens, je l'ai dit au début c'est de la mascarade. Vous êtes assez nombreux. Je devrais designer prochainement sans choix du genre mais tout dépendra de l'animosité générale de la classe. Je me ferai le bonheur de tous t'expliquer pour éveiller l'intelligence en vous. Alors je dirai d'emblée que s'asseoir au premier banc, pour cette branche ne signifie rien du tout, à moins que ce soit une prescription médicale. Cela vaudra autant pour les quidams, que pour les leaders de la classe.

Il est 08 heures 25 minutes.

Alwin – Enfin une leçon où on ne dira pas que tout était meilleure avant.

Chang – Ne souffle pas sur ton taille crayon tu pourras le rouiller.

Quidam – *(Vois féminine)* En tous cas merci pour l'information.

Quidam – Enfin une histoire que j'écrirai, et pour ces bloggeurs quel amour !

Il est 08 heures 29 minutes.

Mr. Kirri – Il est de mon ressort compte tenu de mon expérience de vous donner également un avis personnel sur l'évolution de vos projets. Comme tout le monde je me suis fait un lien vous devez en avoir chacun dans son poste de travail dans la salle d'informatique.

Scène 2

Kim Saad et Dan Afifa ont été séparé dans les groupes de recherches dans la salle d'informatique. Animosité silencieuse pendant que la leçon se fait expliquer.

Il est 08 heures 31 minutes.

Chang – Se séparer ! Je crois que ce n'est pas l'idée ! Dan à l'habitude de nous mettre la plume au bec, et lui Kim est quelqu'un qui se retrouve dans une situation qu'il ne comprend pas malgré ces grands reflexes de footballeurs.

Clifton – Rassure-toi, je suis encore plus frustrée que toi, mais qu'en sais-tu ?

Quidam – *(Voix masculine)* Pourquoi serons-nous mêlés à cette histoire coup sur coup.

Alwin – L'excellence dans leurs performances seront désaxées pour un sentiment sensé procurer du bonheur.

Mr. Kirri – *(Plus d'une heure venait de tomber)* Silence ! J'ai pris le temps de rédiger, le programme de l'année. Imaginer un monde ! La quantité des pages découverte comptera pour beaucoup, nous allons pouvoir en ouvrir. Vous devez à la rigueur vous rassemblé par groupe. On trouvera les images de marque qui expliqueront le thème des discours, pour l'exposer de vos projets on gagnerait à les voir. Ne vous sentez pas comme des espions dans votre propre salle de classe. Le but c'est d'organisé et développé des idées dans ce que vous aimez le plus, chacun se souviendra d'être passé dans cette classe.

Kim Saad – Monsieur, faut-il oui ou non laisser le coup de pousse et le coup de cœur sur un article ?

Dan Afifa – Monsieur à quoi bon si notre réponse n'engage que nous !

Chang – Il y a elle et il y a lui, dans cette classe.

Clifton – Aucun camarade ne peut être un tout, nous sommes là pour nous connaître.

Il est 08 heures 45 minutes.

Mr. Kirri – Vous réagirez dans vos propres pages après avoir trouvé un moyen de vous insérer dans l'histoire. Vous entrerez dans le réseau, vous ferez une demande d'amitié, puis vous vous y laisserez trois trimestres d'observations. Après vous être conforté dans une position qui permet d'écrire des histoires, vous écrirez des pétitions pour faire passer vos positions.

Kim Saad – Il faut parfois que l'artiste soit mort ou en fin de vie, pour avoir ce petit mérite d'estime. Le temps nous démontre que c'est des génies qui doivent être considérer.

Chang – Pour réduire le chemin ils couraient dans le temps.

Le redoublant. – Que tu le veuille ou non, tu mettras dans ta mémoire ces images. Elles viennent de toutes générations. Autrui qui pourrait un jour devenir moi. Ceux qui tenteront de faire l'invisible pour ne pas participer, n'entrerons tout simplement pas dans l'histoire.

Clifton – Cet espace c'est le show-biz. Le business !

Le redoublant – Ce n'est pas du tout moi qui apporte cette différence ici, les faits sont dans les réseaux-sociaux.

Kim Saad – Parmi nous des sots il y en a, mais la plupart sont sot avec connaissance, ce qui est quand même assez raisonnable pour savoir que, pour envoyer les touristes se balader, si vous ne leur donner pas les moyens ils mendieront, comment pouvait-il rencontrer sa tchateuse face à face ?

Chang – Elle a fait tout pour qu'il lui présente des excuses dans le terrible obstacle de la fin, à cause de Lee un simple personnage de roman.

Quidam – *(Voix masculine)* C'est impossible d'aimer toutes les matières. Excusé-moi mais c'est la vérité.

Chang – Nous devons collecter dans un ouvrage, les meilleures qualités de contributions pour changer le monde du net, et dire que je peux entrer dans cette histoire si je le veux. Je ne sais pas quoi écrire dans ce cours. J'attends qu'on me propose de le faire.

Le redoublant – Peine de lecture dans un effort visuel d'image ; sortir des cahiers, et réagir avec de l'imagination, voilà ce que tu feras.

Quidam – *(Voix masculine)* Qu'est-ce qui est nouveau lorsqu'on regarde une demoiselle qui sourit devant des violettes.

(Ils parlent pendant qu'il installe son matériel pour faire sa présentation.)

Scène 3

Assise à sa place Dan Afifa fait mine d'être absorber par les pensées, parmi les camarades quidams.

Les redoublant – Attention chers camarades nous passerons à l'action.

Quidam – devant ceux que je n'aime pas.

Kim Saad – Une cour de classe avec des images on ne peut plus vivantes.

Le redoublant – Je vous souhaite de trouver la force de regarder toutes ces images.

Chang – Et ces gens qu'il annonce sans même avoir vu, quel est le besoin qui l'animait ?

Kim Saad – La providence de cette aventure répondra.

Il est 09 heures 09 minutes.

Mr. Kirri. – *(à Alwin visiblement turbulent)* Tu ne pourras pas jouer toute ta vie n'oublie jamais ça. Laissez-nous prendre la leçon s'il vous plaît.

Il est 09 heures 12 minutes.

Mr. Kirri. – Nous ferons une présentation de notre procédé de travail, mais avant d'entrer dans la pédagogie et mettre dans mon cahier ce que je vous y demanderai de mettre, le tableau a été revêtu d'un linceul blanc, et ma page y sera affichée. J'ai créé un lien dans tous vos ordinateurs qui nous conduira dans le réseau. Mais je rappelle encore que nouveau monde impliquerait nouvelle loi, cela s'entend et s'entendra, ceux qui ont manqué la classe, ceux qui sont encore sur le chemin doivent être prévenu, toutefois contre la dégradation du temps, nous garderons la parole dans les images qu'ici je présente.

Il est 09 heures 15 minutes.

Les ordinateurs sont branchés, les élèves interconnectés s'enverront des messages privés via le réseau.

Kim Saad – Ce monsieur quand on est dans une situation tel que lui on a plus le choix sur ce que l'on dit c'est vrai que nous trouverons en lui une forme de courage, mais je pense que c'est juste un jeune homme qui essaie de trouver le beau prétexte pour s'en sortir.

Quidam – Moi je vois une femme qui semble vouloir lui donner une belle leçon. Je ne comprends rien du tout. Les sorciers existent c'est un fait à ne pas ignorer !

Le redoublant – C'est de la technologie !

Le redoublant – comme chacun le sait on n'impressionne pas l'enseignant, il est possible qu'il sache que nous sommes en conversation. N'écrivez pas sur vos murs.

Kim Saad – Quel est l'intérêt de brancher la Webcam si nous ne devons pas communiquer entre nous ?

Quidam – Moi je n'ai pas de Webcam

Dan Afifa – Demande à ton voisin de droite de t'en brancher.

Kim Saad – Hi mademoiselle alors ainsi on croyait s'être débarrassé de moi n'est-ce pas ?

Dan Afifa – Bonjour monsieur, je ne m'exprime pas avec des inconnus merci bien.

Kim Saad – C'est un peu comme quand l'amour nous arrive, elle nous manque et nous arrive à tout endroit, la magie du regard. Il faut vous dire chère muse parfumé par l'ambroisie, que l'amour reprends le dessus. Tu n'avais qu'à refuser mon invitation. Bon bref en apprenant une histoire par cœur on finit par la comprendre, tu aimeras le réseau tu verras bien.

Dan Afifa – Arrête de me déconcentrer on va se faire prendre par le professeur, il n'est pas si loin de nous. Tu devrais plutôt décrypté des sentiments intérieurs d'un inconnu dans son langage de programmation.

Kim Saad – Je dois pouvoir dire qu'il y a ici des esprits impatients qui hâtent la précocité dans ce sens, pour joindre les deux bouts qui leur ferait se retrouver.

Dan Afifa – Elle berce son espérance et lui faire comprendre la différence entre l'absence et la mort. Je parle aussi d'elle comme je la devine.

Kim Saad – Bien ! Tu as compris comment fonctionne ce réseau. Il faut nous voir en les autres pour éviter de blesser. De plus je suis devenu avec toi comme ce gaillard obéissant qui faute de mieux garde tout abus. Regrettons-le ou voyons-le comme cela. Je sais que je ferai venir au fonds de tes pensées la problématique de cette histoire.

Dan Afifa – Comment s'imaginer une poésie racoleuse à l'amour muet ? Tu rêves !

Kim Saad – Je ne suis pas un vendeur d'illusion. J'offre déjà beaucoup en restant repentant. Muse en mode crise, je ne veux pas m'empêcher de vouloir te parler.

Dan Afifa – Resterons-nous dans l'heure de la journée ?

Kim Saad – C'est la nature qui sera coupable, au moins je pourrai apprécier ton corps modèle vêtu pourtant par la bonne mine, dans une nécessité physique qui laisse plaire à tout le monde. C'est rien de grave car c'est peu longtemps les moments dans une salle de classe.

Dan Afifa – J'espère que Mr. Kirri n'est pas sensé savoir ce que nous nous disons dans cette classe. J'espère que ce que nous faisons est légitime dans le domaine didactique, et qu'il n'y a que toi et moi, qui savons ce que nous combinons.

Kim Saad – Le professeur, le commissaire de travail ! Ah je n'y avais pas pensé.

Dan Afifa – Voilà tu aurais dû y pensé et maintenant le plus difficile à écrire c'est que je n'ai plus besoin de ton groupe. Je veux dire...je n'ai plus besoin des fantasmes d'une histoire qui ne me concernent pas. Je veux redescendre sur le monde physique c'est de là que je viens !

Kim Saad – Tu t'es servi de moi alors ma douce **?**

Dan Afifa – Non ! Je ne veux pas laisser une espèce de secret populaire transpiré dans le visible d'un anonyme, pour rassasier le désir d'un rusé. Si je dois fonder mon espoir de réussite à devenir ta prisonnière, il faudra trouver un moyen pour que tout mon groupe puisse en profiter. Et donc si nous tombons nous tomberons tous.

Kim Saad – Je devais prendre des terribles décisions et je le faisais avec le plus grand égard, en m'indiffèrent de ce qui tenait lieu pour ce faire. C'est même la raison pour laquelle nous avons été séparés par Mr. Kirri. Je vais faire exposer nos dialogues tu continu oui ou non ?

Dan Afifa – Oui !

Kim Saad – Je t'offre l'amour le plus coûteux, à l'arrivée de l'avenir nous serons tous satisfait. Non seulement nous entrerons dans cette histoire, mais nous aurons le sourire de la réussite ton groupe et le mien. Je pourrai faire de nous les plus illustres de la toile. On pourra se passer pour le couple que l'on veut !

Dan Afifa – Désolé d'avoir voulu tout gâché, avant de continuer je voudrai que tu saches que je n'ai jamais ridiculisé tes idées. Restons dans le sujet. Regarde vers ma rangée : la question est que me faudra-t-il faire ?

Kim Saad – Je veux t'épouser ! S'il te plaît répond-moi.

Dan Afifa – Jusqu'à quand apprendrai-je à te connaitre ?

Kim Saad – Nous aurons tout le temps pour cela. Mais j'attends ta réponse avant la fin de la journée.

Dan Afifa – Kim Dans le réseau j'incarne tout un groupe et je voudrais savoir à qui tu la demandes vraiment ?

Kim Saad – Je veux épouser Afifa ! Dan Afifa !

Dan Afifa – Je crois que je jouerai moi-même dans les stades de l'obscur. Refuser d'en parler tout de suite ne voudrai pas dire que je veux absolument me l'interdire, mais nous avons encore neuf mois devant nous. Je nous formerai une bonne volonté c'est le travail de tout un groupe.

Kim Saad – Alors je me ferai souffrance pour avancer le temps à la date, et tu t'en rendras compte, ton groupe et toi ! Dan, ici l'on ne fait pas toujours ce que l'on veut et comme ainsi sont les choses, alors c'est l'amour que je ferai. Pour cela je veux bien lever la pointe de mon stylos en écrivant que, l'amour ce métier simple au-delà du genre, ce grand art perverti n'est pas lâche, même là on y travaille pas sans souffrir, puisque ça ferait de moi quelqu'un qu'on aime.

Quidam – Hey Kim ! Tu as vu ces images elles ont des têtes comme des zéro, (Il pose la tête sur les mains, et les regarde sans conviction sur son écran d'ordinateur.) je voudrai imiter leurs profils.

Kim Saad – *(à un quidam)* Ce sont des smiley et des émoticônes, à qui je parle ?

Quidam – A qui voudrais-tu parler ?

Dan Afifa – Tu ne dis plus rien Kim ?

Kim Saad – Je reçois en ce moment des tas de messages étranges. C'est impressionnant.

Dan Afifa – c'est un lien contre-nature nous devons rester centré à l'objectif. Il y'aurait-il mieux à espérer, crois-moi !

Kim Saad – Moi je pense que chacun doit écrire son journal, pour le bien faire. Quand j'écris et que tu lises mes fautes spectaculaires d'orthographes, peu m'importe ; du moment que je suis placé au banc des évènements de ce nouvel espace social. L'idée est de me faire ancrer dans les pensées et la mémoire public. J'ai du respect pour l'harmonie de nos groupes.

Dan Afifa – Nous voulons tous être les plus forts de la classe.

Kim Saad – Puisqu'on n'est pas censé se parler face à face, et puisque dans ce cours qui dure deux heures on entendra plus ma voix, par la présente je voudrai juste une ou deux réponses à ceci : Aurais-tu un amant inconnu ? Saurions-nous qui donc ?

Dan Afifa – À te dire vrai, je ne t'ai jamais menti, et je n'ai pas les facilités pour me créer dans ce monde ! Mais si tu veux, tu auras ton histoire. Tu trouveras l'excuse ailleurs.

Kim Saad – Lui il n'était connu par personne on trouvera l'excuse non pas dans cette lettre mais dans ce malheur. Il est venu l'heure de comprendre ce qu'on y lit quand la circonstance s'y prête. Je croyais avoir tout compris.

Dan Afifa – Un monde où il suffisait d'écrire je t'aime par des descriptions poétique, pour recevoir tous ce que l'amour pouvait offrir reste toujours très utopique.

Kim Saad – Tu m'as lâché pendant les vacances. Tu n'es pas resté longtemps où je pouvais te voir. Tu n'es pas venu au rendez-vous que je t'avais proposé. Je sais que tu vas souvent pendant les vacances, près du lac même là je ne t'ai pas vu.

Dan Afifa – Tu publies trop de smileys et d'émoticône. Tu te montres trop rieur comme une enfant, je ne te pensais pas aussi sérieux. Je n'ai pas joué avec toi, j'ai eu cette audace parce que je pensai que je n'allais jamais te revoir, à la fin de l'année scolaire.

Kim Saad – Je suis celui qui a porté les chaînes de cet amour à la face du monde. Je dis ce que je pense, je t'ai gardé dans le petit sourire, de mon profil comme je ne pouvais rien sur toi, j'ai eu ce visage.

Il est 10 heures 10 minutes.

Kim Saad – *(Identifiant dans son message presque tous les camarades de son groupe.)* Nous avons le temps les gars. La fin de l'année ce n'est pas pour demain, sur vos bureau essayez de ne pas croiser le regard du professeur, il croira que nous ne sommes pas sur notre exposé.

Dan Afifa – *(à Kim)* je constate tout à fait, que tu es plus hyperactif que le professeur.

Kim Saad – Je me réjouis beaucoup lorsque j'aborde tout le monde. Ils m'ont désigné chef du groupe sans même que j'ai eu à lever le doigt. Avec eux je suis bien pour le moment.

Dan Afifa – C'est ton groupe qui t'envoie pour me faire illusion je sais.

Kim Saad – Au contraire, je cherche ceux qui se sentent seule. Je cherche l'amour, je passe mon soutien à ceux qui se sentent faible. Sous le couvert de l'anonymat, sans terrorisme dans mes manières de procéder. Je n'ai plus besoin de parler en cachette j'ai toute un box de messages pour cela. Je noue des liens d'amitiés parce que je sais qu'après ce jour tout ira très vite, autant mieux m'amuser et profiter de l'instant présent avant d'entrer potentiellement dans le sérieux de l'école.

Dan Afifa – Quoiqu'il en soit sans le papier il n'y aura rien pour prétexter le meilleure groupe de la classe tous ne se passe pas ici.

Il est 10 heures 19 minute.

Dan Afifa – Merci pour l'euphémisme c'est sans doute ce qui vous sauvera.

Quidam – Dans un moment la leçon finira.

Mr. Kirri – *(Regarde sa montre)* Je crois que cette fois c'est fini, veuillez déconnecter tous les ordinateurs et sortir de la salle. Ma journée est pointée, si vous apprenez vous réussirez, prévenez les retardataires que l'année commence tout de suite.

ACTE 2

La récréation

Scène 1

Après la première leçon, les élèves prennent des renseignements les uns des autres ; faisait de leurs pauses des instants de trouvailles. Kim se met avec Dan à la récréation, et traîne dans la cantine, dans le brouhaha très ordinaire, des réfectoires.

Il est 10 heures 32 minutes.

Chang – Mr. Kirri est un professeur très écouté et doux.

Alwin – J'ai l'impression de sortir d'un demi-siècle de cheminement atypique. Je suis incapable d'expliquer ce que je fais.

Kim Saad – La leçon qui va suivre c'est de l'histoire.

Clifton – Ce que l'on fait depuis le matin c'est de saisir, partant d'un point de départ à un autre, dans le hasard que cache la science, à mon avis, monsieur le blogueur de tout à l'heure, semble lutter contre une application. Je m'en vais me laver les mains, restez aligner avec les camarades de classes inferieures si vous le voulez.

Alwin – Nous avons de l'avance par rapport à eux simplement parce que nous sommes à une classe supérieure.

Clifton – A qui dois-je profiter si ce n'est à moi-aussi ?

Alwin – Il s'infligeait la souffrance de vivre la plus part de ces histoires, d'où le génie que l'on y observe.

Chang – C'est pour ça que l'on verse des indemnités pour les voir. On veut que ça ne s'arrête jamais.

Le redoublant – Il faut profiter de la pause elle dure peu de temps.

Kim Saad – Ça au moins nous le savons.

Le redoublant – Je veux bien que tu suives mon regard. *(Il dirige son doigt vers Dan Afifa.)*

Kim Saad – Elle a cette auréole sur la tête qui la distingue, comment ne pas la préférer, un instant les gars !

Le redoublant – Ce surveillant n'a jamais vu mes parents et cherche toujours une occasion de les rencontrés. Je m'en vais déjeuner.

Il est 10 heures 18 minutes.

Clifton – Que vas-tu prendre ?

Le redoublant – Il y a du café, des chocolateries, des pâtisseries, des croissants, des yaourts…

Alwin – Un morceau de pâté, du jus d'orange et un gâteau tendre de pomme de terre.

Chang – Un verre d'eau minérale et une pissaladière. Où est passé Kim Saad ?

Clifton – Il a demandé de prendre tous ce que nous voulons.

Scène 2

Il est 10 heures 20 minutes.

Kim Saad – Seule à force de temps tu resteras triste, que veux-tu manger ?

Dan Afifa – Je t'ai vu offrir le goûter à tout ton groupe mais j'ai dans mon sac ce que mes parents ont préparé pour moi.

Kim Saad – Que tu peux être impossible des fois, je l'ai fait pour t'impressionner mais on dirait que rien ne t'émeut.

Dan Afifa – J'aime ta socialité et ton esprit de famille mais avec moi tu tires contre ton camp.

Kim Saad – Un camp qu'est-ce que ça signifie !

Dan Afifa – Moi je ne ferai pas équipe avec mes adversaires. Et je n'étais pas seul tu t'en doutais.

Kim Saad – Allons-là nous asseoir alors. Avant que tu ne passes la tête par des arrière-pensées, je veux juste que l'on déjeune ensemble.

Dan Afifa – Celui qui aime l'immensité doit aimer aussi l'omniprésence. Tu viens sans doute me voir pour un travail en commun lors des évaluations.

Kim Saad – À d'autres heures je n'ai pas que des chansons à l'esprit, je veux que nous fassions front uni. Depuis que je te connais rien n'a souvent empêché qu'en quelque coin de la classe tu te fasses applaudir tout le temps. Mais je sais que la leçon précédente fera l'exception. Comme tu peux voir nous sommes loin de l'époque des tabliers de l'école maternelle. S'il y a une chose que tu dois retenir c'est que, tu es déjà dans le réseau, je suis sûr que je te ferai espérer tout au moins à un succès d'affection.

Dan Afifa – Moi je suis bien, je ne suis pas une non-aligné comme tu le crois. Je ne suis dans ce réseau que pour en toucher mot, mes études d'abord et j'aurai le temps de t'étudier croyez-moi. Mais mettons d'abord que je suis encore en observation. Et toi ?

Kim Saad – Ne restons pas très carrer, permettons nous dans cet instant seulement de rendre les choses un peu plus relaxe. Il faut que tu sache que j'essaie par toi et moi de trouver la thématique du livre des réseaux-sociaux, surtout dit toi qu'il le faut. Pour chacun des deux jeunes gens, plaire et séduire était aussi l'entendu. Ils furent contraints à un moment donné de leurs histoires, de se faire face. Pour que les membres de nos deux groupes se sentent capable de s'en sortir par leurs jugements tu dois accepter de m'épouser pour une vie de ménage tous les deux j'ai les moyens d'assumer cette responsabilité.

Dan Afifa – Ah ! Ha ! Ha ! Tu vas dire que tu es sans emploi également ! Une vie de ménage alors que nous sommes encore chez nos parents.

Kim Saad – Tu rigole très mal ! Tu vas me faire honte ! Si à cet âge je peux faire couler de l'encre dans tes yeux, je serai un critique d'art comblé d'inspirations. Tu es célibataire et moi-aussi, là où je prendrai plus de temps à t'aimer, c'est dans cette salle de classe.

Dan Afifa – Je voudrai bien que tu t'entendes peux-tu me donner ? J'ai aimé t'écouter développer tes propositions. J'ai laissé voir que ton schémas de principe est très simple mais...

Kim Saad – Mais ne me laisse donc pas là, je veux savoir l'actualité que nous aurons !

Dan Afifa – Je ne m'en irai pas, je suis là, pour que tout le monde comprenne et discerne.

Kim Saad – Je suis penché sur le sérieux de l'école, pour éviter le crayon de monsieur le censeur, qui fera que cette histoire virtuelle que nous écrirons pour s'auto-éduquer soit abréger avant l'objectif de la fin d'année. C'est de bon ton, nous sommes sur le bon sciage de nos devanciers pour avoir un peu d'élévation. Là je ne fais pas qu'opiner il échoit de le dire.

Dan Afifa – Arrête de te faire trop d'histoire ! Je n'en suis que turlupiner, je n'ai jamais été dans un engagement tel que celui-ci.

Kim Saad – C'est gentil de ta part, moi je le fait savoir publiquement, aux membres de mon groupe si tu le veux. Ce n'est donc qu'une question de choix.

Dan Afifa – Quand on a à faire aux propositions suspectes, il est difficile de dire oui. Quel choix faut-il faire s'il ne s'agit de personne d'autre que toi.

Kim Saad – Ce n'est pas bête de penser ainsi dans notre façon de voir ce couple aujourd'hui sans gamme de détail, et sans renseignement exact, on peut penser que tout a été organisé.

Dan Afifa – À cet âge quand on voit une jeune demoiselle on ne pense pas qu'aux traitements spéciaux.

Kim Saad – À quel âge ? Je n'ai pas dit que c'était le cas pour moi j'assure mes arrières. Pas de bises forcées pas des fausses pudeurs, rien que nous deux si tu le veux.

Dan Afifa – La sirène va retentir.

Kim Saad – On est dans le temps où l'on doit se séparer on se retrouvera très vite à la fin du cours d'histoire on pourra même si possible dialoguer dans les questions que se professeur se posera.

Dan Afifa – A tout à l'heure Kim.

Kim Saad – A tout à l'heure Dan Afifa.

Il est 11 heures 14 minutes.

ACTE 3

L'arrivée du professeur d'histoire.

Scène première

Il est 11 heures 18 minutes

Le redoublant – Le professeur qui va arriver s'appelle Mr. Abé. Avec lui nous conjuguerons le temps, il dira la valeur des grands de l'histoire. Il nous parlera de nos cousins les singes, de l'éternel évangile de l'esclavage. On passera même à côté de l'histoire de l'avant-dernier âge, mais bon on en survivra, placer après le déjeuner ça ne sera pas très triste. Éviter qu'il pose des questions c'est mieux, il repère facilement ceux qui ont le discernement paralyser et qui espère en l'imagination collective.

Quidam – Mais rien sur des rasta-man revendiqué.

Dan Afifa – Celles-ci conviendront, pour faire la différence entre les croyances populaires et académiques. Mais dites, retenir un tel programme en tête pour quelqu'un qui refait la classe c'est étrange non ?

Le redoublant – C'est explicable j'ai eu la vie dure, ce n'était pas la patate comme on dit dans le jargon.

Quidam – Je ferai ce que tu feras.

Dan Afifa – Halte au suivisme !

Dan Afifa – Faut-il que j'aille chercher le professeur ?

Quidam – *(voix masculine)* Hey tu restes où tu es ! Tu n'en a pas marre de nous chauffer les mains.

Quidam – *(voix féminine)* À chaque instant ! Chaque moment ! On lui donne de la clameur ! C'est toujours de trop,

Quidam – *(voix féminine)* Elle comprend tout et tout le monde, elle est un monstre, point final.

Kim Saad – Il faut travailler pour avoir ce niveau.

(Elle fut neutralisée par ses camarades avant d'avoir atteint la porte)

Scène 2

Dans une salle meublée de table-banc, il fait soleil et la lumière est vive dans la classe. Et quelqu'un s'introduit entre deux portes pour, presque entrer sur la pointe des pieds, et le visage desserré.

Il est 11 heures 23 minutes.

Chang – J'aperçois quelqu'un arriver.

Le redoublant – C'est lui !

Mr. Abé. – Cette heures semble être une nouvelle heure pour vous, je vais devoir pâtir les deux prochaines heures durant avec vous tous. Je compte bien faire tomber tous le sable de mon temps. Deux heures pour un si vaste programme serait-ce suffisant ! On se le demande toujours.

Le redoublant – Où va-t-on dans le passé monsieur ?

Mr. Abé. – Je me souviens de vous avoir déjà eu dans a classe l'année précédente non, oui ?

Le redoublant – Oui monsieur.

Mr. Abé. – Celui qui parle, parle pour toute la classe, il est donc question de lever le doigt. Vous ! Répondez à sa question.

Quidam – C'est une erreur monsieur je n'ai pas levé le doigt.

Mr. Abé. – *(à la Quidam)* Je désigne très souvent celui qui ne sait pas, et quand il ne s'attend à rien. Comment êtes-vous arrivés ici ?

Quidam – Je suis arrivé avec un dix sur vingt, un dix forts, monsieur.

Mr. Abé. – Veuillez rester debout s'il-vous plaît. Au suivant !

Kim Saad – *(Dans le murmure)* Va dans l'esclavage monsieur le professeur.

Mr. Abé. – Celle-là-bas qui semble suivre une formation de secrétariat en prenant notes sans arrêt des propos à peine prononcé, je comprends votre enthousiasme mais qu'écrivez-vous ?

Chang – *(Qui se mit à gémir sans raison)* J'essayais monsieur de recopier votre question.

Alwin – *(Dans le chuchotis)* Ah ! Pas ça non ! Après ces deux heures il n'aura plus aucun droit sur nous je l'espère.

Mr. Abé. – La question de votre camarade se pose, elle menace même l'idée de la problématique, de toute notre année d'étude. À tous les repêchés, et redoublant tout élément civil tenté de ne pas pratiquer le civisme manquerait à son devoir. Je suis là pour que vous sachiez, qu'il faut croire en l'état et ses institutions avec rectitude, nombreux sont ce qui souhaite faire partie de cette classe, et faire un exposé face à une toile noire, comme nous le ferons.

Kim Saad – S'il reformule aimablement sa question je lui répondrai,

Dan Afifa – Tu parles à son dos tu n'auras pas l'audace de le lui dire en face.

Mr. Abé. – Ici c'est moi le maître, dites-moi comment je peux vous aider ?

Dan Afifa – Aller dans le passé dans un contexte didactique c'est allé dialoguer avec les évènements du temps s'imprégner sur le communisme, le socialisme, le nazisme, et le Katheder Socialism allemand.

Mr. Abé. – *(En changeant de ton)* Quel est votre nom mademoiselle ?

Dan Afifa – Je m'appelle mademoiselle Dan Afifa monsieur.

Mr. Abé. – J'ai aimé vous entendre, je suis convaincu que vous seriez celle qui récitera le mieux mes leçons.

Un quidam – Hey nous sommes là !

Kim Saad – *(Sous silence)* On ne va tout de même pas organiser un grand festin le jour de la rentrée. Et négocié un essaie d'intégration dans la classe supérieure.

Mr. Abé. – La dictée du cours sera ordinaire.

Scène 3

La remontée du bavardage dans la salle de classe pendant que le professeur dos tourné trace quelques écrits sur le tableau. Dan Afifa coupé un moment du paysage, en s'oubliant dans une causerie avec Kim. Le professeur s'en inquiète.

Il est 12 heures 23 minutes.

Mr. Abé. – Je dirai le parcours de ceux-là qui prirent des positions dangereuses, c'est dans des livres qu'il faut voir, ces gens que la vanité a respecté. Le stylo pèse encore dans leurs mains, à ce qu'il paraît *(Faisant référence à ces élèves.)*

Kim Saad – Le crayon de craie coule sur sa main, il atteint le fond en quelques instants seulement c'est tout simplement impressionnant.

Clifton – Le dernier en cette journée, je crois que je ne peux plus rien retenir.

Chang – Passé la craie à qui vous voulez parmi vos camarades quidam je vois en cette phrase du terrorisme. Et c'est infantilisant.

Il est 12 heures 33 minutes.

Mr. Abé. –Je parlerai à vous comme à ma fille, il va parti sans te dire je t'aime, vous êtes amoureux et je suppose qu'il n'y a pas eu d'accord de l'un ou de l'autre est-ce que j'ai tort ?

Dan Afifa – Bah... nous sommes juste ensemble depuis longtemps.

Mr. Abé. – Vous avez beaucoup de conscience, il faut se rendre à l'évidence, déguisé en religieuse on passe facilement inaperçue. Dans cette classe l'amour est un sentiment d'injustice pour les demoiselles braves, qui veulent s'accrocher à la branche masculine, alors que la charge opprimera l'épaule de la femme, qui ne ferait pas succéder la fille, afin de ne pas attenter le droit du père.

Heure

Kim Saad – Je pense qu'il lui fait la cour, compatibilité élève encadreurs, ah franchement !

Chang – Je n'ai eu que des maîtres dans mes classes sauf à la fin de l'école primaire. Quel suite donnée à cette conversation sans conséquence à l'avenir ?

Mr. Abé. – Rassure-moi que tu seras quotidienne tous ces neufs mois durant, Mademoiselle Dan Afifa l'échec est individuel.

Heure

Mr. Abé. – Il y a dix livres aux programmes recommandé pour appuyer la leçon magistrale, quelle sera toute la suite… il nous faudra neuf mois pour savoir ! Comme vous le voyez chers apprenants c'est le temps qui met un terme à l'école, s'il y a une chose que je sais de l'avenir c'est que nous parcourrons ce programme. Effacer le tableau pour permettre au professeur qui arrivera de faire son exposer, une fois de plus bonne rentrée les enfants, je ne devrais pas partir sans vous laisser de devoir.

(Remit dans sa mallette les fournitures qui fut à lui, il y eut beaucoup de questions sans retour. Il laissa derrière lui un bruit de stade.)

Le redoublant – C'est comme en tout temps, le même son de cloche : c'est la sonnette d'alarme.

Quidam – ça-y-est ! **Il est 13 heures 30 minutes.**

ACTE 4

A la sortie des classes ; l'immaturité ; neuf petit mois d'attente.

Scène 1

Dans les conversations toute porte à croire que l'on béni le cordon de la sonnette d'alarme qui indique la fin des cours. Les apprenants se disent au-revoir dans une masse verbale sans instant d'accalmie.

Il est 16 heures 10 minutes.

Chang – On joue à s'abandonner. Oh ! Je crois que je dois faire demi-tour pour récupérer mon équerre et ma boite académique.

Alwin – L'on n'a pas tout appris aujourd'hui, mais je rentre chez-moi meilleure et différent.

Clifton – Si seulement c'était possible de se cacher pendant très longtemps en embuscade derrière les buissons sur le chemin qui mène à l'école, pour ne pas faire la classe. Lorsqu'on a un chauffeur on n'est obligé d'arriver à l'école. Je n'ai pas plus d'une heure à passer ici il doit arriver.

Alwin – Même si les idées nous arrivent chemin faisant, rien n'est sans signification. Nous sommes camarades de classes, je pense que je dois pouvoir savoir pourquoi est-ce que tu voudrais manquer la classe ?

Clifton – C'est gauche désolé ! Je l'ai dit comme ça !

Alwin – Quoiqu'il en soit je suis déjà convaincu que tu viendras demain.

Kim Saad – Moi j'ai déjà l'emploi du temps de toute cette année.

Un quidam – *(voix de fille)* Je vais me reposer la tête, et prendre le temps de réciter ce que nous avions appris.

Un quidam – *(voix de garçon)* Les devoirs dans les premiers jours, franchement quel tyrannie !

Le redoublant – C'est entendant !

Alwin – Une nouvelle rentrée pour organiser des surprises party. Mais le temps a réduit le nombre de nos camarades le pensif n'est pas avec nous cette année.

Un quidam – Avec ce programme je trouverai le temps pour chanter à la kermesse de la coopérative.

Le redoublant – Je ferai un tour à la salle des sports, demain !

Clifton – Moi non plus !

Un quidam – *(Une voix féminine)* Allez donc meilleur comme partent les crustacés.

Clifton – Je l'ai vu il a servi comme enfant de cœur avec ce que les poètes appellent bouquet de flammes, je vous ai vu dans votre entrée magistrale.

Kim Saad – Je prends encore patience pour attendre Dan Afifa nous devons discuter.

Alwin – Oh quel amour ! Mais une fille school est forcément ennuyeuse.

(Ils se disent au revoir.)

Il est 16 heures 30 minutes.

Scène 2

Kim Saad et Dan Afifa s'embarquent illico dans un débordement de propos, qui trahissait le long temps qu'ils avaient passé sans se voir. Kim cause avec elle au sujet de leurs projets pour les réseaux-sociaux.

Il est 16 heures 35 minutes.

Kim Saad – Tu aurais dû crier lorsqu'il t'a tapoté ta joue, Tu n'avais qu'à me faire un signe par un clin de tes yeux.

Dan Afifa – Mais ce n'est pas lui ton rival voyons ! Il m'a parlé avec un ton paternel, il garde juste un œil sur moi.

Kim Saad – Si seulement c'était facile pour moi de traverser le grand de cette salle de classe hélas.

Dan Afifa – A vrai dire tu m'as semblé si loin aussi.

Kim Saad – Le premier vendredi sera difficile.

Dan Afifa – Comment finira la série ?

Kim Saad – On a le temps, pourvu que mon chauffeur n'arrive pas.

Dan Afifa – Je ne tiens pas à ce que le soleil se couche sur moi à l'école.

Kim Saad – Tu peux être ma passagère si tu le veux bien.

Dan Afifa – Je le sais déjà !

Kim Saad – Je pense que tu as un peu engraissé.

Dan Afifa – Pourquoi il tarde à arriver ?

Kim Saad – Peut-être pour que je te reprécise ma demande de vivre avec moi. Il nous arrivera un petit cortège, et on ira se reposer la tête ensemble chez-nous.

Dan Afifa – Chez-nous où ? Ceci vois-tu n'est pas un acte de sainte conduite. Donne une autre idée je suis sûr qu'elle sera plus meilleure.

(Elle éclate de rire.)

Kim Saad – Je comprends désormais cette story love des réseaux-sociaux comme si elle était la mienne. Cette homme charriait derrière-lui de la bonne foi. Par ma proposition il pourrait se dire que dans cette story love nous sommes plus avisés que n'importe qui. Les camarades ne verraient que deux personnes qui ont fini le programme avant tout le monde.

Dan Afifa – Une relation amoureuse ne peut-il tenir seulement que lorsque les amoureux vivent ensemble ? Eh bien moi je pense que parfois il faut juste respirer !

Kim Saad – Nous aurons un large espace de vie bien démarqué quelque part. Ne te soucie pas, mon père à des propriétés presque partout.

Dan Afifa – Le chauffeur qui tarde à arriver, ton père dans se laisser aller. Et ma mère alors ? Un enlèvement, la police y as-tu songé ?

Kim Saad – Ah ! Oui, c'est vrai. Etant inconnu ces parents, il n'est connu que ces parents d'intelligences. On parlait de toi de moi et de notre avenir ensemble en étant que des simples acteurs d'une story-love. C'était devant tout le monde, durant tout le temps que cela se déroulait, Ils auront le temps d'enquêter grâce aussi à des commentaires enrichis par des opinions des camarades. Si nous nous expliquons en même temps nous perdrons du temps, dans quelques instants de folklore. On nous a séparé pour le bien de toutes la classe paraît-il, c'est donc moi la victime, et c'est la preuve qu'ici on ne veut pas nous voir ensemble. On rentre chez-nous je voudrai mettre en action, ce schémas de principe j'en ai les moyens. Elle sera une bonne blague à l'avenir mais là je suis sérieux.

Dan Afifa – Nous sommes à la fin du commencement, ou dans le commencement de la fin je ne conçois plus très bien le schéma de principe. Je pense qu'il faut dormir pour y remédier plus tard nous avons le temps. Demain j'aurai encore le sentiment au beau fixe.

(Elle lui souffle à l'oreille les propos ci-après.) Lorsque l'on tirera dans le temps cette leçon Après la classe tu seras mon meilleur souvenir. Je conçois très bien que cet amour est précipité. Cette fois et pour la premier fois, je crois que je suis vraiment amoureuse. Pour lors je ne trouve plus que faire, sinon de nous accorder pour l'objectif fin d'année scolaire. Je pense avec optimisme que c'est aussi un moyen de séduire sans se bomber le torse et je suis plus heureuse comme ça.

Kim Saad – Mais ça voit-tu c'est juste pour ne pas déranger le conformisme. Livres n'ont pas que des valeurs historiques mais il y en a qui contiennent des plans d'action qui feraient qu'on la compare à un recueil de grands mythes. Cet écrivain est un modèle pour moi. Que veux-tu un taxi ou alors qu'on marche jusqu'à chez-nous ?

Dan Afifa – L'énergie qui se finit en moi, ne me permet plus de faire les cent pas, allons-nous en par une simple façon d'aller. Dans deux ans j'aurai été officiellement mature.

Kim Saad – Nous convaincrons pendant ce temps les personnes qui ont le droit de garde sur toi, et c'est aussi le temps que l'on fera avant de nous faire découvrir. Mon père nous protègera.

Dan Afifa – Se livre-t-il aussi à ton jeu de romantique tarabiscoté sur fonds musicale ?

Kim Saad – Tu viendras avec moi on nous enverra une voiture. Je consulterai mes contacts.

Dan Afifa – Sais-tu conduire aussi ?

Kim Saad – Je te le dirai en tête à tête dans la voiture. On aura plus le temps d'être seul, on aura des enfants, on vivra longtemps.

Dan Afifa – Il faut bien finir !

Kim Saad – Alors c'est pour ça que je dis que, nous serons chassés définitivement de l'établissement. Aujourd'hui à cet instant précis, il n'y a que toi qui puisses savoir ce qui va se passer. S'Il m'a fallu à cœur ouvert briser les treillis de fer entre nous, rien ne m'empêchera d'écrire ton ode et des morceaux choisi de ceci et cela qui t'armeront le moral. Alors je vais la redemandée Dan Afifa veux-tu devenir ma femme ?

Dan Afifa – Oui Kim Saad je veux devenir ta femme !

Kim Saad – Time new roman.

(Ils s'embrassent se prennent la main et entre dans une voiture. Ils sont jeunes et bien portant.)

Il est 17 heures 35 minutes.

Fin du dernier acte.

Printed by Books on Demand GmbH, Norderstedt / Germany